CLÁSSICOS INFANTOJUVENIS

em cordel

Adaptação de

R. B. Côvo

Natal, 2021

FICHA CATALOGRÁFICA:

Côvo, R. B.

Clássicos infantojuvenis em cordel / R. B. Côvo
(adaptação de). Natal, 2021.

139p.

Adaptação dos clássicos infantojuvenis

1 Literatura de Cordel infantojuvenil 2 Cordel 3
Poesia   I. Título

CDU 869.0(81) -91

CDD 398.5

Ilustrações de R. B. Côvo, Samia Rebeca e Samara
Santos

CHAPEUZINHO VERMELHO
RAPUNZEL
A BELA ADORMECIDA
JOÃO E MARIA
CINDERELA
OS TRÊS PORQUINHOS
BRANCA DE NEVE
PEDRO E O LOBO

CHAPEUZINHO VERMELHO

Uma vez, há muito tempo
Num lugar muito distante
Houve uma menina linda
De imaculado semblante
Por todos muito amada
Do humilde ao mais pedante.

*

Sua avó tudo lhe dava
Bastava apenas pedir
Mesmo sem pedido algum
Deu-lhe, um dia, o que vestir -
Chapeuzinho de veludo
Teimoso no seu luzir.

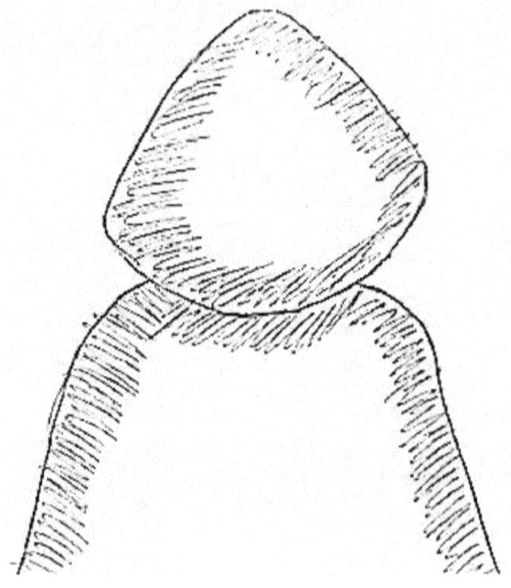

*

Um chapeuzinho vermelho
Novinho, em primeira mão
Que a menina sempre usava
Não perdia ocasião;
Foi tanto que se fez nome
Muito boa foi a razão.

*

"Ó, Chapeuzinho Vermelho!"
Um dia, sua mãe chamou.
"Leva um pedaço de bolo
A vovó se adoentou.
Leva também este vinho
Uma garrafa lhe dou."

*

"Saia antes que fique quente

Preste bem muita atenção
Quando for pro seu destino
Não escute opinião;
Bote os olhos no caminho
Não saia da sua mão."

*

A mãe ainda lhe disse:
"Menina, faça cuidado!
Não corra, vá devagar
Não quero tudo quebrado.
Sua vozinha precisa
Desse remédio do lado".

*

"Quando entrar no quarto dela"
Recomendou, finalmente
"Seja menina educada
Lembre-se: ela está doente;
Diga: bom dia, vozinha
E não mexa nem num pente!"

*

"Tomarei muito cuidado"
Chapeuzinho prometeu
E apontou pra floresta
Onde a avó sempre viveu.
Veio um lobo ao seu encontro
Com jeito que não comeu...

*

"Bom dia", o lobo disse
Disse ela: "Muito obrigada".
Chapeuzinho era inocente
Não via maldade em nada.
"Aonde vai?" – perguntou ele;
"À vovó adoentada".

*

O lobo era curioso
Mais uma pergunta fez:
"No avental o que tens?
Tem um bolinho talvez?"
"Bolo e vinho" – disse ela
Sua dúvida desfez.

*

"Onde mora sua avó?
O lobo mais perguntou.
"Mora floresta adentro
Um quilômetro acabou;
Debaixo de três carvalhos"
A menina acrescentou.

*

O lobo era maldoso
Principiou a pensar:
"Que menininha tenrinha
Tão boa de devorar.
Que boquinha mais carnuda!
Eu vou já a abocanhar".

*

"Preciso ser muito rápido
Para as duas engolir
Oportunidade desta
Não posso deixar fugir."
Caminhou com a menina
Plano maldoso a urdir.

*

Perguntou: "Viu, Chapeuzinho
Como são lindas as flores?
Olhe bem, minha querida
As aves cantam amores.
Você caminha tão séria!
Há por aqui muitas cores".

*

Chapeuzinho ergueu os olhos
Viu flores por toda a parte
Pensou: "Farei um buquê
Verdadeira obra de arte.
Vozinha se animará
Alegria se comparte".

*

Se afastou, então, da trilha
Floresta adentro correu
Catando as flores que havia
De fascínio se perdeu.
Cada uma era mais linda
Que a anterior que colheu.

*

Enquanto isso, o lobo
Correu pra casa da avó
Bateu na porta, disse ela:
"É Chapeuzinho de vó?"
Disse ele: "É, sim, vozinha
Abra a porta que estou só".

*

"Trago bolo e trago vinho
É do bom e do melhor."
Disse ela: "Erga o trinco
Hoje, estou ainda pior.
Não posso me levantar
Eu estou de fazer dó".

*

O lobo ergueu o trinco
Abriu a porta da frente
Correu pra caminha dela
Devorou-a de repente.
Era tão astuto e mau
Outro plano tinha em mente.

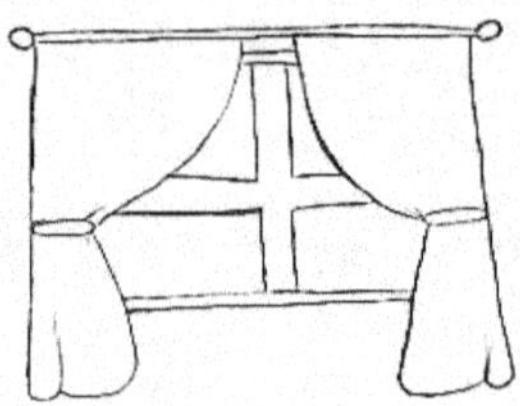

*

Correu até a janela
Os cortinados fechou
Vestiu as roupas da velha
Na sua cama se deitou.
Estava tão saciado
Adormeceu e roncou.

*

Chapeuzinho, entretanto
Ainda flores catava
Até ter juntado tantas
Que já mal as carregava.
Lembrou-se da sua avozinha
Sua mãe ficaria brava.

*

Correu pra casa da avó
Num instante, estava lá

A porta estava aberta
Ficou surpresa de estar.
Sentiu sensação estranha
Não evitou se inquietar.

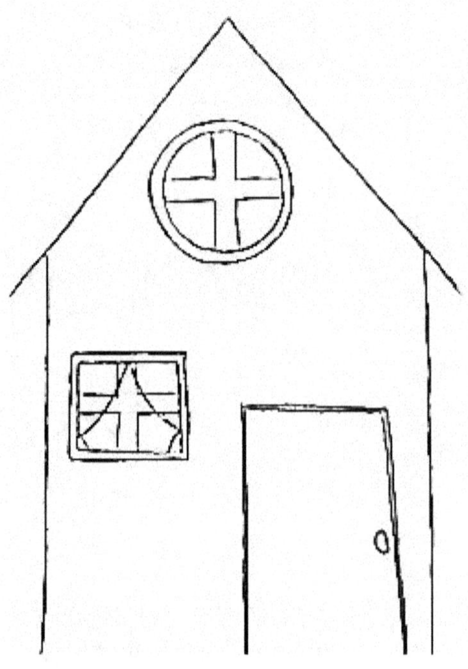

*

Pensou: "Ai! Nossa Senhora!
Aqui dentro sinto um nó.
Em outras ocasiões
Me sinto muito melhor.
Gosto tanto de aqui vir
De ficar com a vovó..."

*

Gritou bem alto: "Bom dia!"
Não teve resposta alguma
Correu pra cama e viu
Vozinha como costuma:
A touca cobrindo os olhos
Não se via face nenhuma.

*

Disse: "Vó, como são grandes
Essas orelhas que tem!"
"É pra lhe escutar melhor"
É a resposta que vem.
"Mas, voinha, seus olhinhos
Como são grandes também!"

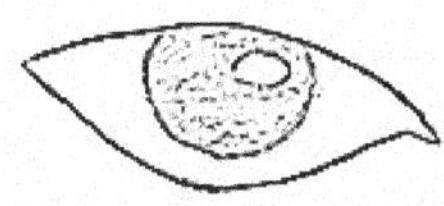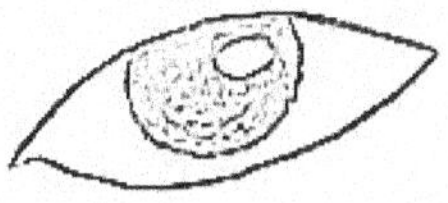

*

Disse: "É pra lhe ver melhor
Faço gosto em a admirar".
"Oh, vovó, e as mãos grandes?"
"São pra melhor lhe abraçar."
Chapeuzinho mais teimou
Voltou a inspecionar.

"Mas, vovó, que boca grande!
Boca assim eu nunca vi."
Respondeu: "Vê essa boca?
É pra melhor lhe engolir".
O lobo logo deu um pulo
Ela não pôde fugir.

Engoliu-a de uma vez
Satisfez seu apetite
Voltou a deitar na cama
Roncou demais, acredite.
Era tão alto o roncado
Coisa assim não se admite.

*

Um caçador que passava
Ouviu aquele trovão
Pensou: "Que ronco medonho
Eu vou lá ver como estão".
Bateu à porta três vezes
Com os costados da mão.

*

Como ninguém respondeu
E o ronco muito alarmava
Entrou a medo na casa
Vendo tudo como estava.
Viu o lobo mau na cama
Disse: "Há muito o procurava!".

*

Estava quase atirando
Bem quando lembrou assim:
"Se tiver comido alguém
Não quero a culpa pra mim".
Pegou tesoura e rasgou
O malvado até ao rim.

*

Depois do segundo corte
Viu Chapeuzinho brilhar
Fez mais dois talhos e disse:
"Menina, vim lhe salvar!"
Logo ela saltou pra fora
Melhor sensação não há.

*

Gritou: "Que susto que tive!
Ai! Era escuro demais!"
Depois saiu a avozinha
Quase não vivia mais.
Chapeuzinho pegou pedras
Disse: "Olhem como se faz!".

*

Encheu o bucho do lobo
Uma pedrinha por vez
Quando ele acordou, disse:

"Menina, o que me fez?"
Ainda tentou fugir
Mas isso não satisfez.

*

Desabou no chão sozinho
Boca torcida de medo
Foi lá para o outro mundo
A morte não é brinquedo.
Os três ficaram felizes
Foi à farta o folguedo.

*

O caçador tirou a pele
Daquele lobo medonho
A vovó comeu o bolo
Sua saúde foi de sonho.
Chapeuzinho riu demais
Falou: "Um brinde proponho".

*

Brindaram e rebrindaram
E pensou a Chapeuzinho:
"Pelo tempo que eu viver
Nunca mais deixo o caminho
Respeitarei minha mãe
Digo-o com muito carinho".

*

Há por aqui muito lobo
Fingindo boa qualidade
A gente cai na armadilha
Pensa ser tudo verdade.
Meu benzinho, abra o olho
No mundo há muita maldade.

FIM

RAPUNZEL

Era uma vez um casal
Que um filho muito queria
Os anos iam passando
E o desejo não cumpria
Mas Deus ouviu suas preces
Trouxe a boa nova um dia.

*

Iam ter uma criança
Se enchessem de alegria
A mulher se animou
Queria comer quanto havia
Cobiçou os rabanetes
Da metida em bruxaria.

*

A bruxa, muito malvada
Tinha quintal bem vistoso
Lindas flores, hortaliças
Tratadas pelo tinhoso.
Os rabanetes verdinhos
Deixavam tudo guloso.

*

Pensou a mulher: "Eu quero".
E em desespero entrou.

Mal sabia nessa hora
O enredo que começou
O apetite era tanto
No perigo nem pensou.

*

Foram os dias passando
O desejo era maior
A mulher se abateu
Dia a dia estava pior.
Disse o homem: "O que foi?
Eu já vi você melhor".

*

Disse ela: "Se um rabanete
Da bruxa eu não comer
Me desculpa, meu esposo
Logo, logo vou morrer".
O homem muito a amava
Pensou: "Assim não vai ser".

*

Ao anoitecer, subiu
Com uma escada o muro
Do quintal daquela bruxa
Tateando no escuro.
Pegou alguns rabanetes
Não se meteu em apuro.

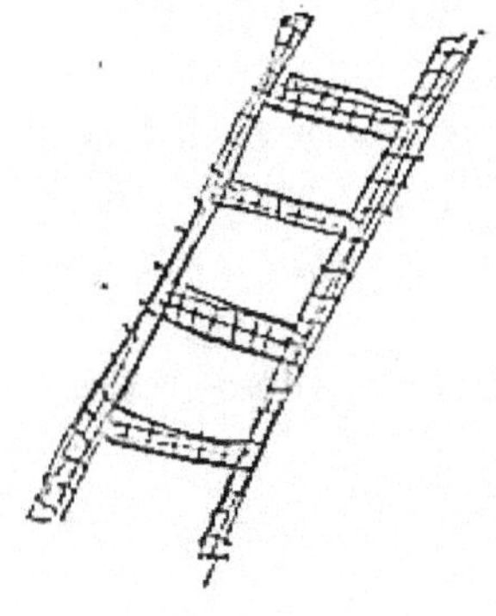

*

Chegou a casa e disse:
"Querida, aqui está!"
Ela correu a dizer:
"Salada vou preparar!"
Pouco depois de comer
Disse: "Mais quero amanhã".

*

O sabor era tão bom
O desejo mais cresceu
O marido a sossegou:
"Vou de novo" - prometeu.
Quando a noite chegou
Subiu o muro e desceu.

*

Mal botou o pé no chão

Quase desmaia de medo
A bruxa má o olhou
E disse de um jeito azedo:
"Como se atreve, ladrão?
Entrou aqui em segredo".

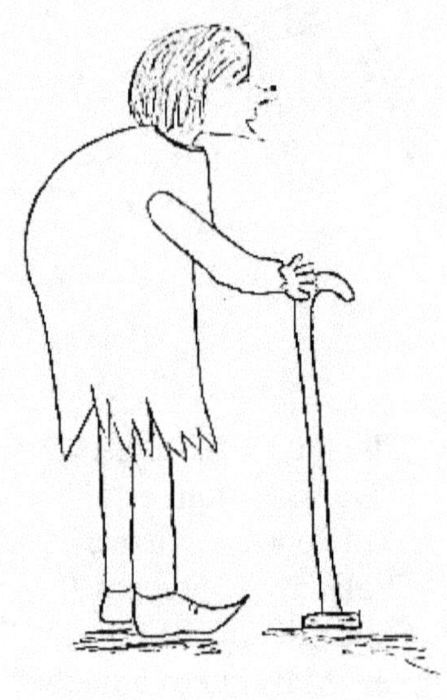

*

"Você vai ver o que faço
Espere um pouco pra ver."
O homem, cheio de medo
Disse: "Deixe esclarecer
Estou aqui obrigado
Minha mulher vai morrer".

*

"Ela viu seus rabanetes

Espreitou-os da janela
Eu, que sou um bom esposo,
Tudinho faço por ela.
Ela jurou que morria
Se não os põe na panela.”

*

A bruxa acalmou um pouco
Disse: “Se é como falou
Quantos rabanetes queira
Eu prometo que lhe dou.
Mas tenho uma condição
Ainda não acabou”.

*

“A criança que nascer
Do ventre da sua mulher
Você deve me entregar
Cuidarei como quiser.
Serei eu a sua mãe
Não será outra qualquer.”

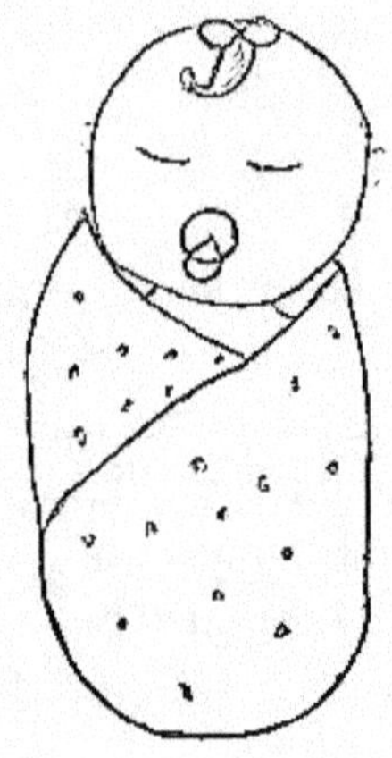

*

O homem, amedrontado,
Não ousou dizer que não
Quando a mulher deu à luz
Da menina abriram mão.
A bruxa má a levou
Nunca teve coração.

*

Rapunzel lhe deu de nome
Na hora do batizado
Mais bela que essa menina
Não havia em nenhum lado
Do Leste até ao Oeste
Seu semblante era falado.

*

Ao completar doze anos
A bruxa a trancafiou
Em uma torre muito alta
Donde não mais a tirou.
Não tinha porta ou escada
Só uma janela lhe dou.

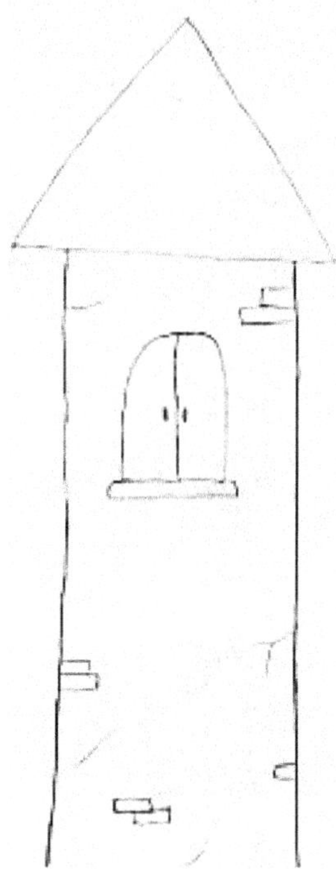

*

"Rapunzel! Ó, Rapunzel!
Jogue as trancinhas pra mim"
A bruxa, ao visitá-la,

gritava com força assim.
E a menina estirava
Cabelos longos sem fim.

*

Subia dependurada
Nas trancinhas da menina
De oiro fino e brilhante
A bruxa, muito ladina.
Chegando ao topo a beijava
Era essa a sua rotina.

*

Um dia, o filho do rei
Foi cavalgar na floresta
A torre achou escondida
Entre árvores e giesta.
Ouviu uma canção linda
Espreitou por uma fresta.

*

Não via coisa nenhuma
Nem uma porta sequer
(Achar porta onde não tem
Muita astúcia requer).
Rapunzel cantava doce
Voz de menina-mulher.

*

Cansado de procurar
Partiu o filho do rei
Mas todo dia voltava
Passou isso a ser de lei.
Seu coração foi tocado
Pela voz de que eu contei.

*

Outro dia, o filho do rei
Viu a bruxa se acercar
Estacar no pé da torre
E começar a gritar:
"Rapunzel! Ó, Rapunzel!
Pode as trancinhas lançar".

*

Rapunzel lançou as tranças
A bruxa astuta subiu;
O filho do rei viu tudo
Ficou feliz e sorriu.
Pensou: "Também vou subir
Que ninguém diga que viu!".

*

No dia seguinte, o rapaz
No pé da torre, gritou:
"Rapunzel! Ó, Rapunzel!

Sua visita chegou.
Lance as trancinhas pra mim
Como ontem as lançou".

*

Logo os cabelos caíram
Pro filho do rei subir.
Quando entrou no quarto dela
Rapunzel pensou fugir
Homem assim nunca vira
Que fazia ele ali?

*

O príncipe falou, manso:
"Ficou preso o coração
Deste rapaz que lhe fala
E pede sua atenção.
Sua voz é a mais bela
Que existe em toda a nação".

*

"Me aceite como marido
Por favor, me dê a mão.
Minhas noites são tormenta
Se não ouço sua canção;
Pra sossegar minhas dores
Só serve nossa união."

*

Ele era um rapaz bonito
Mais amável do que a bruxa
Uma vontade de fugir
Muito forte logo a puxa
Não abranda nem um pouco
E mais um tanto a repuxa.

*

Como já perdera o medo
Ela disse prontamente:
"O aceito como marido
Mas como fará a gente?
Eu daqui não sei descer
E não tem porta da frente".

*

"Traga-me todos os dias
Uma meada de seda
Eu tecerei uma escada
Caindo sobre a vereda.
Quando tudo estiver pronto
Que eu da torre me escafeda!"

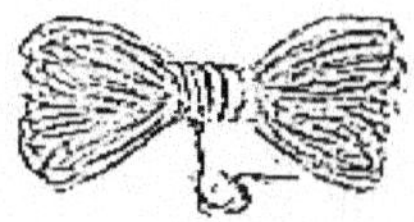

A bruxa de nada soube
Até que Rapunzel disse:
"Ai! Você pesa demais!
Se deixe de gulodice.
Era bom que como o príncipe
Bem rapidinho subisse".

*

A bruxa ficou furiosa
Disse: "Você me enganou!
Espere que já vai ver
O castigo que lhe dou".
Agarrou as tranças dela
Em um instante as cortou.

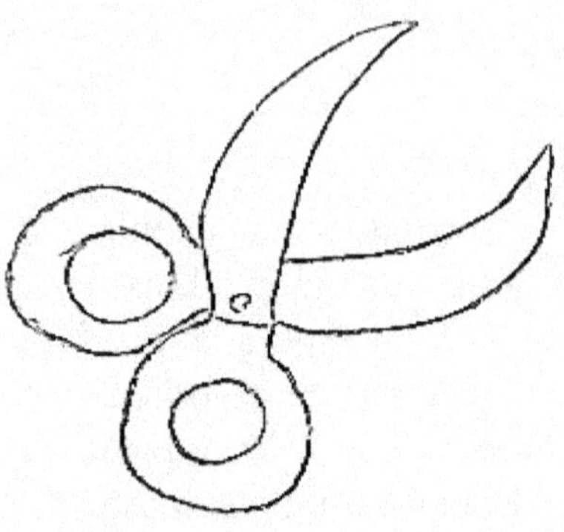

*

"Pensei que estava isolada
Que não a via ninguém
Você me fez foi de boba
Vou fazer você também."
Levou-a às pressas dali
Não a visse mais alguém...

*

Deixou-a em um deserto
Destinada pra sofrer
A bruxa era tão ruim

Não deixou o que ela comer.
Voltou pra torre com raiva
O filho do rei ia ver!...

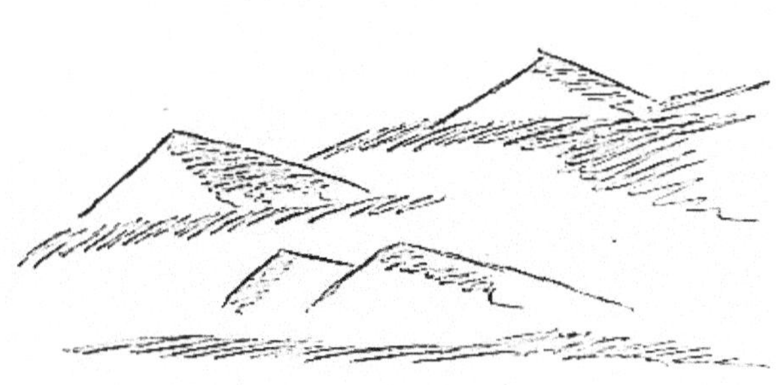

*

Prendeu as tranças num gancho
Lá no topo na janela
As mesmas que ela cortou
Daquela menina bela.
"Rapunzel! Oh, Rapunzel!"
Gritou o rapaz por ela.

*

"Meu amor! Ó, minha amada!
Jogue as trancinhas pra mim.
Vim de longe, quero vê-la
Comigo não faça assim.
Se não jogar suas tranças

Hoje mesmo é meu fim."

*

A bruxa soltou as mechas
Que nos pés dele caíram
Subiu rápido o rapaz
Como os amantes suspiram!
Mas quando entrou no quarto
Ai! O que seus olhos viram!

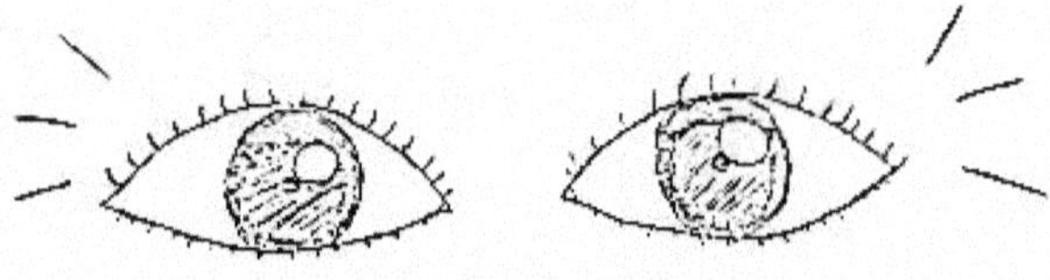

*

No lugar de Rapunzel
Aquela bruxa malvada
Disse ela: "Ela se foi
A ingrata e malcriada.
Eu arrancarei seus olhos
Você não verá mais nada".

*

"Rapunzel não será sua
Eu juro e volto a jurar.
Mais fácil o céu se abrir
Que você a encontrar!"
Perdido de tanta dor

Ele se jogou de lá.

*

Estabacou-se no chão
Num amontoado de espinhos
Como a malvada maldisse
Cegaram os seus olhinhos
E foi-se ele mundo afora
Perdido pelos caminhos...

*

Assim foi por muitos anos
Cheio de tristeza e lamentos
Até chegar ao deserto
Empurrado por bons ventos.
Sabem o que ele ouviu lá?
Aquela voz de outros tempos...

*

"Rapunzel! Ó, Rapunzel!"
Gritou com grande alegria.
A Rapunzel o abraçou
Do rosto dela escorria
Uma lágrima milagrosa
E logo ele tudo via.

*

"Rapunzel! Ó, Rapunzel!
De saudades eu morria".
Rapunzel lhe deu um beijo
Disse: "Esta é nossa cria.
Um menino e uma menina

Os filhinhos que queria".

*

Voltaram ao reino dele
Foi grande e muita a festa
Um desejo eles fizeram
Ninguém no mundo contesta:
"Não surja pra mais ninguém
Uma bruxa como esta".

FIM

A BELA ADORMECIDA

Era uma vez um bom rei
E a sua amada rainha
De um reino muito distante
Que, no tempo, fadas tinha.
Tinham bastante dinheiro
Tudo quanto lhes convinha.

*

Tinham muitas roupas finas
O que queriam comer
Tinham bebidas à farta
Tudo que possa querer
Tinham carruagem linda
Só não tinham um bebê.

*

Casados há muitos anos
Isso tanto entristecia
Um caso se deu, porém
À beira do rio, um dia
Que ao rei e à rainha
Trouxe a maior alegria.

*

A rainha se deparou
Enquanto se passeava
Com um peixe fora de água
Que quase não respirava.
Morria na ribanceira
Onde aflito muito arfava.

*

Boa e muito piedosa
Jogou-o de volta no rio
Antes de nadar pra longe
Disse o peixinho com brio:
“Sei qual é o seu desejo
Isso eu não mais adio”.

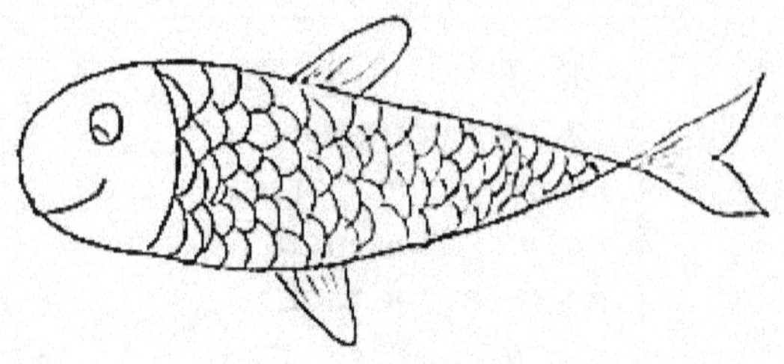

*

"Pela vida que me deu
Lhe dou vida de uma filha."
Logo se concretizaram
As palavras-maravilha.
Nasceu menina belíssima
Que beleza compartilha!

*

A menina era tão linda
Que o rei muito a admirava
Seus olhos viviam nela
O dia todo a olhava.
Disse, um dia, pra um banquete
Todo reino convidava.

*

Convidou seus familiares
Amigos, vizinhos, nobres
Convidou as gentes ricas
Também as gentes mais pobres.
Gastou bastante dinheiro
Uma arca de ouros e cobres.

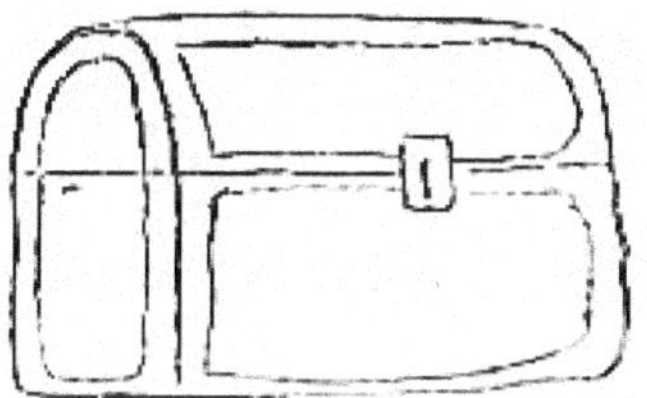

*

A rainha falou assim:
"Eu convidarei as fadas
Elas podem ser bondosas
E têm mãos abençoadas.
Serão gentis com sua filha
Muitas graças serão dadas".

*

Naquele reino distante
Treze fadinhas viviam
Pratos de ouro eram menos
Eram doze, assim diziam.
Foi um problema dos grandes
Resolver como fariam.

*

Não acharam solução
Só doze fadas chamaram
Uma foi posta de lado
Nem sequer a convidaram.
As doze compareceram
O convite não negaram.

*

Levavam chapéu vermelho
Vermelho nos pés também
Na mão, a varinha branca
Graciosas como ninguém.
Quando o banquete acabou
Fizeram roda do bem.

*

Cada uma deu presente
Àquela linda princesa
Uma lhe deu a bondade
Outra lhe deu a riqueza.
Deram o que é bom no mundo
Tudo com grande presteza.

*

Quando a décima primeira
Com graça lhe abençoou
Um grande estrondo se deu

Pelo pátio ressoou.
Espalhou-se, então, notícia:
A outra fada chegou.

*

Chapéu preto na cabeça
Pretume também nos pés
Vassoura em uma mão
O sorriso de revés
Entrou no salão às pressas
Xingando de lés-a-lés.

*

Disse cobras e lagartos
Reprimiu rei e rainha
Jogou uma maldição:
"Escutem palavra minha
No décimo quinto ano
Morrerá sua filhinha".

*

"Ferida em uma roca
Será esse o final dela
Eu mesma nada farei
É a Sorte que traz com ela"
Faltava a última fada
Se livrar dessa mazela.

*

Como nada tinha dado
Se manifestou e disse:
"Assim dito, assim será"

Mas depois a contradisse.
Podia o mal atenuar
E a morte, então, desdisse.

*

Falou: "Eu concedo a dádiva
Não morrerá a menina
Deus a livra e a guarda
De tão impiedosa sina.
Terá sono de cem anos
Assim se escreve e assina".

*

O rei, porém, insistiu
Ainda esperava a salvar
Mandou destruir as rocas
Que havia naquele lugar
Todas seriam queimadas
Ninguém iriam matar.

*

Todas as dádivas foram
De fato, concretizadas
A princesa era tão bela
Como dado pelas fadas.
Era também tão bondosa
Das princesas mais amadas.

*

Era educada e sábia
Todo mundo lhe admirava.
Mas quando fez quinze anos
A má sorte a esperava
No fundo de escadaria
Que em portinha terminava.

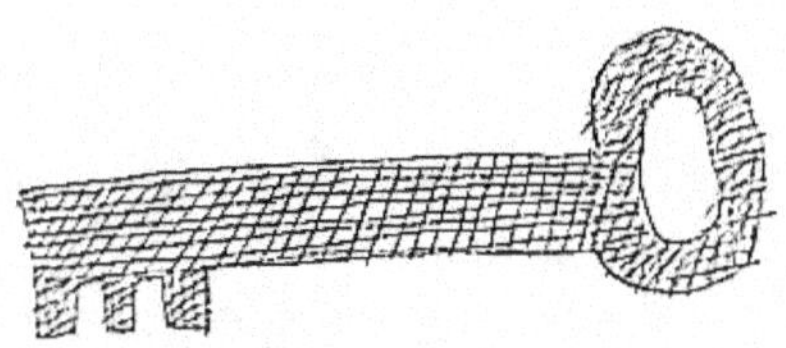

*

Chave dourada havia
Na fechadura da porta
A moça logo a girou
O que tem lá dentro importa.
Viu uma velha senhora
O mistério não suporta.

*

Perguntou: "Que faz aqui
Ó, minha amada velhinha?
Disse a velha: "Estou fiando
Falta ainda muita linha".
Disse a *bela* vendo a roca:
"Ai! Que linda essa pecinha!"

*

Sem atenção ao perigo
De pronto botou-lhe a mão
Mal lhe havia tocado

Caiu inerte no chão.
Começou sono profundo
Cumpria-se a maldição.

*

Adormeceu todo mundo
Toda a corte e os seus pais
Adormeceram as pombas
Todinhos os animais
Até as moscas dormiram
Nos aposentos reais.

*

O fogo dormiu também
Parou logo de queimar
A lareira adormeceu
Deixou tudo de girar.
Pararam espeto e ganso
Não haveria mais jantar.

*

A cozinheira dormiu
Brigando com o ajudante
O mordomo caiu no sono
Com uns modos de farsante
Tentava beber cerveja
Quando se deu o instante.

*

Tudinho paralisou
Dormiu tão profundamente
E grande cerca de espinhos

Ergueu-se rapidamente
Ao redor desse palácio
Enorme e magnificente.

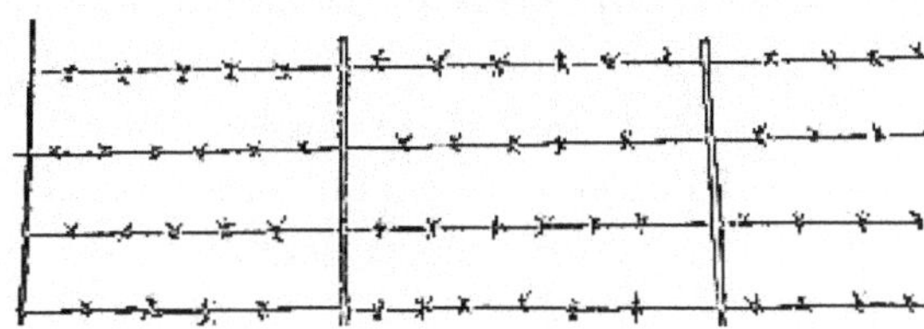

*

A cada ano aumentava
Essa cerca em espessura
Aumentava no tamanho
Também em sua altura.
Enrolou todo o palácio
Do jeito de uma atadura.

*

Nadinha se via dele
Nem telhado ou chaminé
Mas correram as notícias
Os reinos *de pé em pé*
Contavam dessa princesa
Com nome de Rosicler.

*

De tempos em tempos iam
Até lá filhos de reis

Tentavam furar o mato
Morreram pra lá de seis.
Ficavam presos na cerca
Em espinhos e anéis.

*

Após muitos, muitos anos
Chegou príncipe obstinado
Contou-lhe um velho tudinho
Do palácio e do cercado.
Contou da moça dormindo
De quantos tinham tombado...

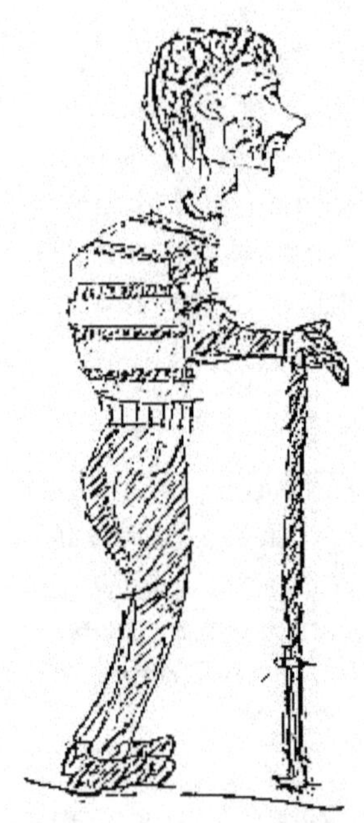

*

Disse: "Aqui muitos vieram
Acabaram por morrer
Ficaram presos no mato
Não conseguiram vencer.
Meu avô me contou tudo
É história para crer".

*

"Nada disso me demove"
Falou o príncipe assim.
"Eu mesmo hei de vencê-lo
Não será esse meu fim.
Essa princesa tão bela
Espera há tempos por mim".

*

Nesse dia se encerravam
Cem anos de maldição
Quando ele entrou no mato
Não achou qualquer perdição
Os arbustos floresciam
Faziam-lhe saudação.

*

Abriam à sua passagem
Como se fossem sorrir
Quando chegou ao palácio
Pensou o príncipe: aqui
Tudo dorme tão pesado
Sono assim eu nunca vi.

*

Dormiam nos seus estábulos
Muitas éguas e cavalos
Nos telhados, muitas pombas
Tinham sono sem abalos
Os cachorros, sonolentos
Sonhavam sem intervalos.

*

As moscas, dependuradas
Cochilavam na parede
O mordomo segurava
A jarra com muita sede
O sono impedia o gole
Pensou o príncipe: vede!

*

A cozinheira erguia a mão
Com maneiras de bater
Quando ele entrou num cômodo
E Rosicler pôde ver.
Dormia profundamente
Tão bela não pode ser!

*

O príncipe se encantou
Ela era linda demais
E os olhos não mais tirou
Das formas angelicais.
Abaixou-se junto dela
Fitou-a um pouco mais.

*

Não conseguiu se conter
Num rompante, a beijou
Ela abriu, então, os olhos
Com sorriso despertou.
Logo todos acordaram
A maldição terminou.

*

Os cachorros deram pulos
Os cavalos relincharam
As pombas se sacudiram
Pra todo reino voaram
As moscas sobre as paredes
Novamente, voltejaram.

*

Voltou tudo ao instante
Que a moça a roca tocou

O espeto pôs-se a girar
O fogo, então, flamejou;
O mordomo deu um gole
Sua sede se acabou.

*

A criada depenou
A galinha do jantar
A cozinheira deu bronca:
"Não serve nem pra ajudar!"
O príncipe e Rosicler
Resolveram se casar.

*

Foi muito grande o banquete
Que se fez no casamento
Viveram juntos os dois
Depois daquele momento
Amor é pra vida toda
Bom é ter discernimento.

FIM

JOÃO E MARIA

Em uma grande floresta
Existiu há muito tempo
Uma cabana *mui* pobre

Palco de grande tormento:
Lenhador, esposa e filhos
Morriam sem alimento.

*

- Ai, o que será de nós?! –
Gemia o homem toda vez.
- Sem comida morreremos
Eu e mais vocês os três.
Pobres crianças primeiro
A fome aqui casa fez.

*

Mas a madrasta malvada
De pronto, deu solução:
- Amanhã nós os levamos
A Maria e o João
E abandonamos no mato
Mais um pedaço de pão.

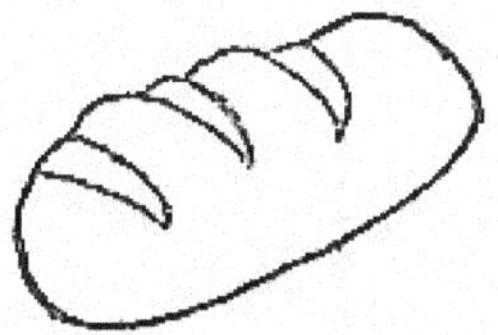

*

O lenhador rejeitou

Esse plano, de primeira.
A mulher muito insistiu
Era astuta e enredeira.
Convenceu-se o lenhador
Iniciou-se a choradeira.

*

Os meninos escutaram
Tudo no aposento ao lado.
A menina caiu em prantos
O rapaz mais sossegado...
- Não chore. Tenho uma ideia.
Isso não está acabado.

*

Quando os pais adormeceram
Esquivou-se da cabana.
Catou um punhado de pedras
Lembrando aquela tirana.
Voltou com o bolso cheio
Deitou e não pregou pestana.

*

Mal amanheceu foi ela
Essa madrasta malvada
Chamar as pobres crianças
Muito mal-intencionada.
Levou-as a cortar lenha
E deixou-as no meio do nada.

*

Mas João marcara o caminho

Com as pedras que catara
E, quando mal anoitece
Com a casa se depara.
Se animou demais o pai
A madrasta de má cara.

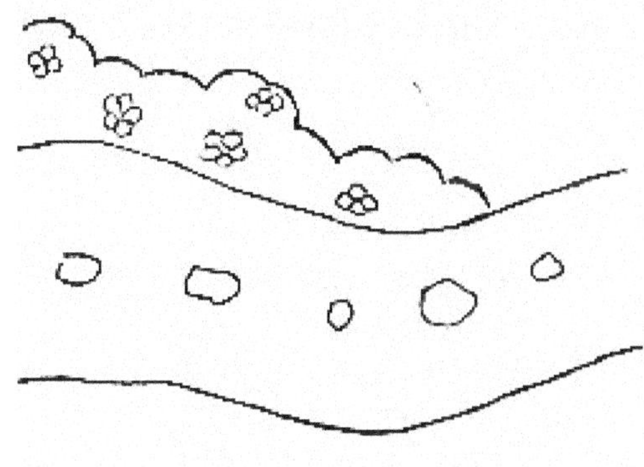

*

De novo convenceu o homem:
- Temos de as abandonar.
Amanhã cedo as levamos
Desta vez não vão voltar.
Os meninos tudo ouviram
Maria começou a chorar.

*

- Fica calma. – Disse João.
- Deves de ter fé em Deus.
Amanhã regressaremos
Isto não é um adeus.
Mas um e outro não puderam

Pregar os olhinhos seus.

*

Na manhã seguinte, cedo
Um pão velho receberam
Das mãos da madrasta má
E, no entanto, não comeram.
João guardou nas algibeiras
Tanto, tanto que se encheram.

*

Ao caminhar na floresta
A cada passo que dava
O menino, preocupado
Migalhas no chão deixava.
Tinha de marcar caminho
Para a casa em que morava.

*

Chegaram numa clareira
Onde a madrasta ordenou:
- Aqui esperem que eu volte.
Mas ela não mais voltou.
Em vão eles esperaram
Malvada os abandonou.

*

Começou choro de novo
Pobre menina Maria.
- Não chores, querida irmã. –
O menino lhe dizia.
- É só seguir essa trilha

De pão velho de outro dia.

*

Mas os danados dos pássaros
Todo pão tinham comido.
Para as pobres das crianças
O caminho era perdido.
E assim, meio às tontas
Seguiram noutro sentido.

*

Depois de muito andarem
Encontraram uma casa.
Ai! Toda de chocolate
E o desejo pegou brasa.

Correram de tal maneira
Parecia tomarem asa.

*

Famintos eles demais
Deram de comer à pressa.
Apareceu uma velhinha:
- Entrem, tem mais como essa
Comida de que gostais
Amontoada em travessa.

*

Mas a velhinha era bruxa
Os dois o vão descobrir
Depois de os alimentar
Não mais os deixou sair.
João acordou numa jaula
De onde não podia fugir.

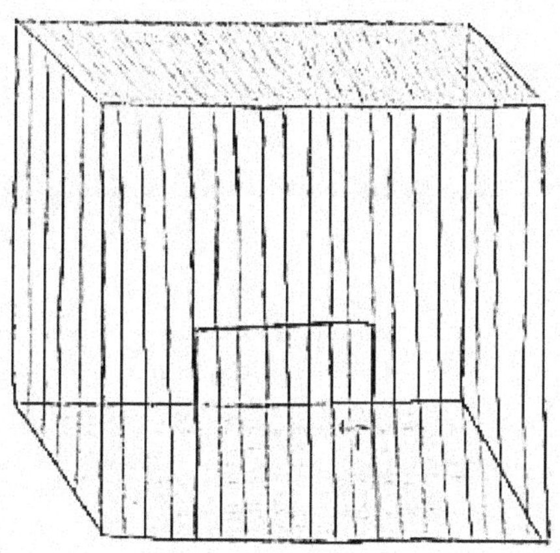

*

Queria a bruxa engordá-lo
Pra lhe servir de petisco;
A menina era a escrava
Todo dia levando o isco.
Mas o rapaz não engordava
Era por demais corisco.

*

Todo dia era fingido
Mostrando osso de galinha
Em vez de mostrar o dedo
Àquela bruxa velhinha.
Esta caía nesse enredo
Achava a carne magrinha.

*

- Diabo do rapaz não engorda.
Dê-lhe você mais comida.
Daqui a dias estará
Com a pele bem enchida. –
Falava a velhinha bruxa
De tudo isso convencida.

*

Um dia, muito cansada,
Ai, de tanto esperar já
Na hora em que acordou
Mandou a menina botar
Um caldeirão pra ferver
Seu irmão iria cear.

*

- Seja gordo ou seja magro
Vou comê-lo ensopado. –
Empurrou Maria pro forno
Ia dela fazer assado.
Mas a menina, esperta
Entendeu bem o recado.

*

- Como posso entrar no forno?
Eu não sei como o fazer. –
Fingiu Maria com arte
Pra bruxa não a comer.
- Menina tonta. – Disse esta.
- Espere, que já vai ver.

*

Colocou a cabeça dentro
E Maria deu empurrão.
Trancou a porta com pressa
E foi soltar o irmão.

"Esta bruxa não me pega.
Ai, vai assar perna e mão!"

*

Depois de soltar João
Os dois tiveram ideia:
Pegar tesouro da bruxa
E guloseima e meia.
Encheram todos os bolsos
E correram, Eia! Eia!

*

A alegria era grande
Voltaram para a floresta.
Levavam o que podiam
O bom e o que não presta.
Chegaram depois a um lago
Ainda em clima de festa.

*

Um cisne bom ajudou
A fazer a travessia.
De uma vez levou João
De outra, levou Maria.
E, ao andarem um pouco
Já o caminho se via...

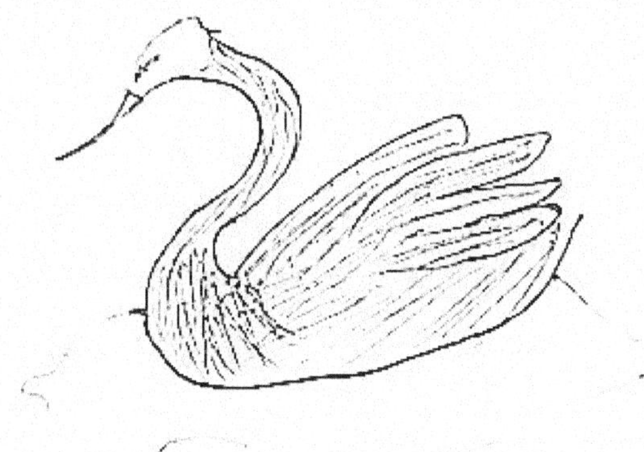

*

Era o caminho de casa;
Não tem quem não reconheça.
Podem passar muitos anos
Ou coisa que se pareça
Como é o caminho de casa
Não tem alguém que esqueça.

*

Viram a cabana ao longe
Onde o pai, triste, chorava;
A madrasta havia morrido
A fome não acabava.
Ao vê-los, se animou
O pai que tanto os amava.

*

Abraçou-os o mais que pôde;
Era demais a saudade.
Os meninos, tão felizes
Choram de felicidade;
E, revelando a fortuna
Findam a necessidade.

*

Não mais preocupações

Com comida ou com dinheiro.
Você, caro leitor, olhe
Atente, que é verdadeiro:
Há muito João e Maria
Pelo nosso mundo inteiro.

FIM

CINDERELA

Uma vez, uma mulher
Vendo o fim se aproximar
Convocou sua filhinha
Fosse ao quarto lhe falar.
Disse: "Continue assim
Sempre se lembre de mim
Por você eu vou velar".

*

"Seja boa e piedosa
Sempre Deus a guiará;
Meu amor aqui não cessa
Nem no céu acabará".
Dito isto, ela morreu
Todo mundo entristeceu
Maior tristeza não há.

*

Um ano depois, casou-se
O pai com uma mulher
Ambiciosa e cruel
Que a menina não quer;
Tinha ela já duas filhas
Ambas cheias de armadilhas
Maldade quanta houver.

*

Quando viram a menina
Disseram: "Que faz aqui?
Seu lugar é na cozinha
Vá-se embora por ali!"
A madrasta concordou:
"Empregada a gente achou
Agora é que percebi".

*

Tiraram-lhe a roupa linda
Trapos velhos lhe vestiram
Deram-lhe tamancos feios
As malvadas muito riram.
Gritaram: "Já pra cozinha!
Faça um caldo de galinha
Nossas tripas já rugiram".

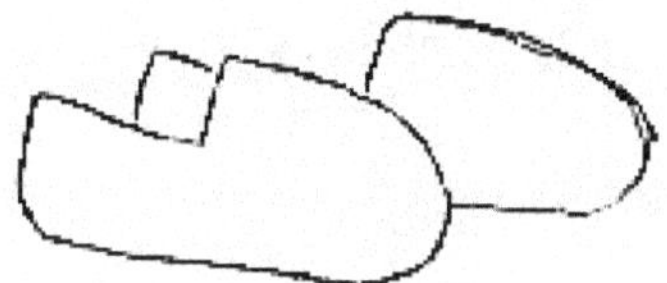

*

Desde esse dia, a menina
Trabalhou arduamente;
Mal o sol aparecia
Começava expediente.
Pegava água do poço
Lavava, fazia almoço
Nenhum dia era diferente.

*

Terminava altas horas
Do trabalho extenuada
E quando queria deitar-se
Não tinha cama nem nada.
Chamaram-lhe Borralheira
Por dormir junto à lareira
Como fosse abandonada.

*

Passaram dias e horas
A vida corria igual
A sorte ainda era a mesma
Passava a menina mal
Perguntou o pai, um dia
Cada uma que queria
Faria compra matinal.

*

Disse uma: "Lindos vestidos".
- Joias. – a outra falou.
- Você, Gata Borralheira,
Que quer?" – o pai perguntou.

- Eu quero um verde raminho
O primeiro do caminho. –
A Cinderela arriscou.

*

Comprou o pai os vestidos
As joias para as enteadas
No caminho de regresso
Um pouco às desesperadas
Lembrou-se da Borralheira
Cortou ramo de Oliveira
Ficariam animadas.

*

Chegando a casa, deu tudo
Vestidos, joias e ramo
Todas eram satisfeitas
Não se ouviu nenhum reclamo.
Cinderela correu lesta
(A história o atesta)
A dizer: "Mamãe, te amo!".

*

No sepulcro de sua mãe
O raminho enterrou
Chorou tanto, tanto, tanto!
Com lágrimas o regou.
Começou ele a crescer
Como não podia crer
Grande árvore se tornou.

*

Um dia, estava no túmulo
Cinderela ouviu falar
Uma pomba branca linda:
“Darei o que desejar.
Não chores, minha querida,
Doravante, tua vida
Por demais irá mudar”.

*

Depois disso, pelo reino
Foi anunciada festa
Convidava-se as mulheres
Da mais rica à mais modesta
Que quisessem se casar
Para o príncipe optar
De forma justa e honesta.

*

As filhinhas da madrasta
Anastasia e Drizella
Chamaram a altos brados:
"Venha aqui, ó Cinderela!
Você quem vai nos vestir
Ao baile nós temos que ir
Não terá mulher mais bela".

*

"Pentear-nos e vestir-nos
Com muita delicadeza
Assim o tem que fazer
Cuidar da amada princesa.
O príncipe escolherá
Uma ou outra irmã
Disso nós temos certeza."

*

A Cinderela assim fez
Mas não evitou chorar
Quando viu as duas lindas
Depois de as arrumar
Pediu: "Me deixe ir também
Não incomodo ninguém
Eu quero mesmo é dançar".

*

- Ao baile? – disse a madrasta.
- No espelho já te olhaste?
Jogarei isto nas cinzas

Volto a ver se separaste.
Separando as lentilhas
Tu vais com as minhas filhas;
Ainda não começaste?

*

Correu Cinderela, triste
A chorar para o jardim
Até que lembrou da pomba
E pediu desejo assim:
"Dócil pombinha e rolinhas
Pássaros e passarinhas
Tende piedade de mim".

*

"Venham, queridos, me ajudem
As lentilhas separar;
Os grãos bons ficam no prato
Os maus, toca a papar."
Entraram duas pombinhas

Passarinhos e rolinhas
Começaram a bicar.

*

As lentilhas da madrasta
Num instante separaram.
Mais veloz ainda foi
Pela janela que voaram.
Cinderela foi dizer
A madrasta podia ver
Só as melhores ficaram.

*

Disse a outra prontamente:
"Pena não teres vestido;
Não sabes sequer dançar
É tempo mal investido.
Ficar em casa é melhor
Não há o risco menor
De Henry ser teu marido".

*

A Cinderela chorou
Desconsolada demais
Mas humilde como era
Suplicou um pouco mais
Deixasse-a com elas ir
Mal nenhum há de surgir
Seus modos são cordiais.

*

Disse a madrasta bem cínica:

"Outra chance eu te dou".
E veloz como uma cobra
Mais lentilhas espalhou.
- Se em uma hora o fizeres
Vais com as outras mulheres.
A madrasta má falou.

*

Correu gritando a menina:
"Venham, pombos, me ajudar
Os grãos bons ficam no prato
Os maus, toca a papar".
De novo, vieram pombinhas
Passarinhos e rolinhas
Começaram a bicar.

*

Não tardou estava feito
O trabalho destinado
Mas a madrasta malvada
Deu o assunto encerrado.
Disse: "Não quero saber
Tens muita coisa a fazer
Ao baile não vai criado".

*

Foram embora as três
A madrasta e as filhas;
A menina foi atrás
Correndo doida nas trilhas.
Embaixo de uma oliveira
Gritou toda desordeira:

"Quero ouro em pacotilhas!".

*

"Árvore linda, sacode
Ouro e prata pra vestir
Quero um vestido lindo
Para ao baile poder ir".
A pomba branca surgiu
Como nunca ninguém viu
Cinderela fez luzir.

*

Estendendo suas asas
Fez dos farrapos vestido
Dos tamancos fez sapato
De ouro e prata revestido.

Quando no baile ela entrou
Todo mundo se espantou
- Esta não sai sem marido!

*

Ninguém a reconheceu
Nem o pai nem as irmãs
O príncipe se encantou
Dançou quanto foi capaz
Pegou forte a mão dela
Era linda a Cinderela
Dessa mulher ia atrás.

*

No final da noite, quis
Cinderela acompanhar
Mas a moça era astuta
Achou forma de escapar
Deixou vestido e sapato
Abandonados no mato
Foi para casa a voar.

*

Um dia depois, houve baile
Uma vez mais, fez fugir
"Árvore linda, sacode
Ouro e prata pra vestir
Quero um lindo vestido
De ouro, muito comprido"
Voltou ela a repetir.

*

De novo, surgiu a pomba
Inda mais linda a fez
Sua entrada no baile
Mais espantou dessa vez
O príncipe, deslumbrado
Pegou-lhe a mão, apressado
Hoje a namora talvez.

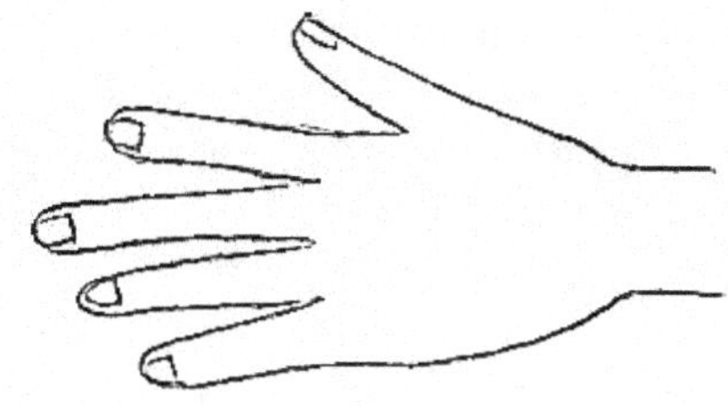

*

Dançaram a noite toda
Tangos, sambas e bolero;
Disse o príncipe: "Querida,
Vou levá-la, assim espero".
Cinderela retrucou:
"Melhor sozinha eu vou
Desculpe o modo sincero".

*

Seguiu-a o príncipe, lesto
Mas Cinderela sumiu

Por trás de uma oliveira
E ele não mais a viu.
Desistiu pouco depois
Imaginando eles dois
Tão nítido que sorriu.

*

No terceiro dia de baile
Cinderela o mesmo fez
Disse: "Linda arvorezinha
Te peço mais uma vez
Sacode ouro e prata
Um vestido e alpargata
Pois não há duas sem três".

*

De novo, veio a pomba
Trazendo o que era sonhado:
Vestido, chale e sapato
De seda e ouro bordado.
Inda deixou sobre os ombros
Grande motivo de assombros:
Capa em veludo dourado.

*

Foi a Gata Borralheira
Ao adentrar o salão
Recebida pelos outros
Com uma exclamação.
O príncipe, apaixonado,
Correu muito apressado
A beijar a sua mão.

*

Dançaram muito de novo
Até ela se ir embora
Correndo toda apressada
Passava muito da hora;
O príncipe bem tentou
Mas tampouco a alcançou
O coitado quase chora.

*

Achou ele uns sapatinhos
Que a moça tinha perdido
Apertou-os contra o peito
E disse: "Botem sentido
Eu casarei com aquela
Que sirva o sapato nela
Dela serei o marido".

*

As princesas e duquesas
Condessas e outras mais
Todas tentaram calçá-lo
E nenhuma foi capaz.
Disse o príncipe: "Pois vão
Não importa a condição
Pobre ou rica tanto faz".

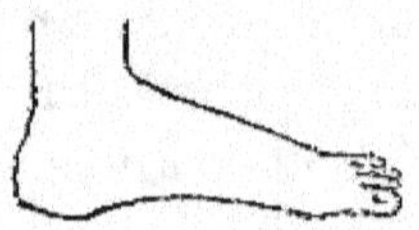

*

Foram os seus emissários
A calçar quantas havia
Até chegarem à casa
Onde a menina vivia.
Disse a mais velha: "Sou eu"
Disse a mãe: "Ela perdeu
Esse sapato, eu sabia".

*

Subiram elas ao quarto
Para o sapato calçar
Mas o pé era *mui* grande
Sobrava o calcanhar.
Disse a mãe: "Calce com fé
Hoje te aperta o pé
Mas a pé não vais andar".

*

A jovem assim o fez
Fingindo nada sentir

Subiu para a carruagem
Não podia nem sorrir.
O príncipe viu a farsa
Mas para sua desgraça
Não lhe podia fugir.

*

Prometido é devido
Fala em tudo que leio
Montou-a no seu cavalo
E foram dar um passeio.
As pombas brancas vieram
E um aviso fizeram:
"Cuidado com esse enleio".

*

"Querido príncipe, veja
Olhe o pé da donzela;
Se olhar com olhos de ver
O sapato não é dela."
O príncipe desmontou
O sapato lhe tirou
Caíra numa esparrela.

*

Ao saber-se enganado
Voltou à casa e disse
A outra irmã calçasse
Desta vez sem aldrabice.
Ao quarto elas subiram
E muito se afligiram
Tentando que lhe servisse.

*

Disse a mãe: "Minha menina
Calce o sapato com fé
Hoje te aperta um pedaço
Mas mais não andas a pé".
A jovem assim o fez
Engoliu a dor de vez
Se apresentou de má-fé.

*

O príncipe viu a farsa
Mas não podia lhe fugir
Prometido é devido
Promessas são pra cumprir.
No seu cavalo a montou
A passear a levou
Vejamos que há de vir.

*

Duas pombas brancas vieram
Disseram: "Olhe a donzela
Se olhar com olhos de ver
O sapato não é dela".
O príncipe desmontou
O sapato lhe tirou
Caíra noutra esparrela.

*

Voltou à casa, furioso
Disse: "Aqui venho trazer
Mais uma filha impostora

Que mais eu não quero ver
Acaso haja outra filha
Calce aqui a sapatilha
Não há nada a esconder".

*

Disse a madrasta: "Não temos"
Mas o pai acrescentou:
"Tenho outra filha, sim
Dum amor que me finou
Nome dela é Borralheira
Cozinha, lava, faz feira
Não é dela o que achou".

*

Disse o príncipe com pompa:
"Que todas sem exceção
Venham calçar o sapato
É minha designação.
Tragam-me a Borralheira
É minha ordem primeira
A calçarei eu, então".

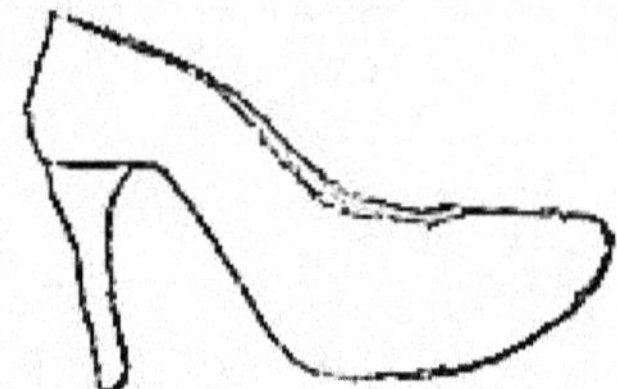

*

Um dos pesados tamancos
A Borralheira tirou
E o sapatinho pequeno
Sem esforço algum calçou.
O príncipe, extasiado,
Olhou-a, enamorado
Seu coração ribombou.

*

Disse: "Minha linda amada
Minha dona tu serás".
Sentou-a no seu cavalo
Correu tudo para trás
Levou-a ao mesmo lugar
Onde pôde constatar

Eram ruins suas irmãs.

*

As pombas brancas disseram:
"Continua a cavalgada
Pois a dona do sapato
Por você foi encontrada".
Pousaram nos ombros dela
Fizeram-na muito bela
Uma princesa da criada.

*

Mal chegaram ao palácio
Celebraram casamento
Para amor desses assim
Sempre é um bom momento
Dos outros que entram na história
Ficou nada em memória
Quem os levou foi o vento.

*

Cinderela se manteve
Com uma bondade extrema
Ser boa e piedosa
Lhe deixou a mãe de lema.
Hoje, ainda muito ora
No túmulo a toda a hora
Conta os prós e o problema.

FIM

OS TRÊS PORQUINHOS

Uma vez, há muito tempo,
Quando os animais falavam
Existiram três porquinhos
Que de tudo se alegravam
Felizes e sem problemas
O dia inteiro brincavam.

*

Cícero, Heitor e Prático
(Chamavam eles assim)
Eram porquinhos pequenos
Davam trabalho sem fim
Um era bem preguiçoso
Os outros assim-assim.

*

Os três eram curiosos
Saíram para ver o mundo
Deixaram papai e mamãe
Num desespero profundo
Disse a porca: "Ai, meu Deus!
Como dói cada segundo!".

*

Um lobo horrendo vivia
Naquela linda floresta
Sem fome tudo comia
De maneira pouco honesta
Podia comer os porquinhos
Com eles fazer a festa.

*

Vou contar tudo que sei
Da história deles três
Como contou meu avô
Um porquinho cada vez
A história é antiga
Tempo nenhum a desfez.

*

Cícero, o mais pequenino
Encontrou homem bondoso
Pediu-lhe fardo de palha
Ele deu atencioso.
Disse-lhe: "Vou fazer casa
Meu plano é meticuloso".

*

O porquinho se empenhou
E assim dito, assim fez
Porém, o lobo na porta
Bateu às duas por três
Chamou-o: "Lindo porquinho
De repente, frio fez".

*

Pediu-lhe: "Deixe-me entrar
Aqui fora vou morrer".
O porquinho disse: "Nunca!
Se entrar me mata você".
O lobo bufou de raiva
Disse: "Espere, então, pra ver".

*

Ameaçou: "Se não abrir
Vou soprar e vou bufar

Soprarei com tanta força
Sua casa irá voar!".
E assim dito, assim foi
Foi-se tudo pelo ar.

*

Coitado desse porquinho
Teve mais é que fugir
Se não fosse rapidinho
O lobo ia o engolir.
É melhor deixar a casa
Do que deixar de existir.

*

Heitor, que era maiorzinho
Outro homem bom achou
Pediu-lhe algumas giestas
Ele logo as dispensou.
Construiu o porco casinha
Com orgulho, a enfeitou.

*

Pouco depois, veio o lobo
Disse com meiguice assim:
"Olá, meu lindo porquinho
Abra esta porta pra mim
Eu preciso descansar
Por favor, diga que sim".

*

"Nunca!" – falou o porquinho
O lobo se enfureceu:
"Eu vou soprar e bufar
Voará tudo que é seu".
Assim dito, assim feito
Cumpriu o que prometeu.

*

Logo fugiu o porquinho
Coração muito assustado
Se ele não fosse atleta
Tinha sido devorado.
É triste deixar a casa
Mas melhor que ser finado.

*

Prático, o maior dos três
Teve sorte similar
Homem bom também achou
Não negou o ajudar
Pediu-lhe oitenta tijolos
Pra sua casa começar.

*

Deu-lhe o homem quantos tinha
Construiu casa o porquinho
Certa altura, veio o lobo
Disse de um jeito mansinho:
"Lindo porquinho, me acuda
Agasalhe este lobinho".

*

O porquinho disse: "Nunca!
Lobos não são de fiar".
O lobo se enraiveceu
Disse: "Vai tudo voar!
Abra essa porta agora
Ou vai tudo pelo ar!".

*

"Nem pensar" – disse o porquinho
E a porta melhor trancou
O lobo encheu os pulmões
Com muita força soprou
E mais uma e outra vez
Encheu-se de ar e bufou.

*

Uma, duas, sete vezes
Nada aconteceu, porém
O lobo ficou sem fôlego
A casa ali se mantém
É melhor ficar de olho
Muitas manhas ele tem.

*

Disse ele: "Lindo porquinho
Sei onde há belo nabal".
"Onde é?" – perguntou o porco
"Bem pertinho, num quintal
Amanhã de manhã, posso
Passar lá como é normal".

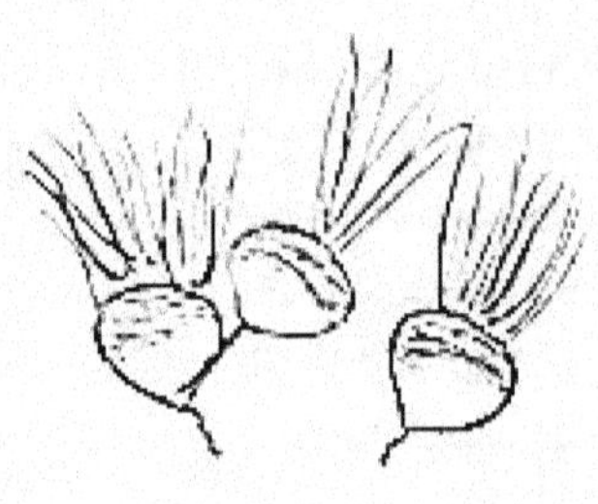

*

Disse: "Se amanhã quiser
Eu posso lá o levar
Apanhamos os dois juntos
Saco bom para o jantar".

"Então, está combinado
A que horas vamos lá?".

*

"Às seis" – atalhou o lobo
"Muito havemos de comer".
No dia seguinte, o porquinho
Eram cinco, foi colher.
Às seis, já estava em casa
Com os nabos pra se encher.

*

"Lindo porquinho, estás pronto?"
Chegou o lobo e gritou.
"Pronto?" – falou o porquinho
"Eu mais do que pronto estou
Eu já fui e já voltei
Minha fome se acabou".

*

Bom saco de nabos trouxe
Lhe serviria de jantar
O lobo ficou furioso
Havia de o apanhar
Disse: "Meu lindo porquinho
Sei onde há belo pomar".

*

"Onde?" – perguntou o porco
Começando a refletir.
Disse o lobo: "Numa quinta
Pena você me trair

Se você não me enganar
Amanhã, podemos ir".

*

O porco deu sua palavra:
"Vamos cinco da manhã"
Levantou-se às quatro, então
Tinha que se despachar
Antes que o lobo apareça
A casa tem que voltar.

*

Como fosse mais distante
Demorou-se mais, porém
Ao descer de uma das árvores
Viu chegando ao longe alguém
Era o lobo importuno
Se assustou como ninguém.

*

Disse o lobo: "Meu porquinho
Outra vez antes de mim?
As maçãs são muito boas?
Ou serão assim-assim?".
"São boas", disse o porquinho
"Acho que são *balduim*".

*

"Vou atirar uma delas"
O porquinho acrescentou.
E pra muito, muito longe
A maçã ele atirou.
Quando o lobo foi pegá-la

Ele desceu e se abalou.

*

Chegou a casa assustado
São e salvo, felizmente
O lobo, que era teimoso
Foi tentá-lo novamente
Disse: "Meu lindo porquinho
Hoje há feira, está ciente?".

*

"Onde é?" – perguntou o porco
Disse o lobo: "Na cidade".
"Quando é?" – mais questionou
"Ainda hoje, de verdade
Você pode ir comigo
Não me negue a amizade".

*

O porquinho disse "sim"
Marcaram, então, às três
Antes da hora combinada
Saiu o porco outra vez
Foi para a feira sozinho
Uma boa compra lá fez.

*

Comprou barril de madeira
Onde pudesse encher vinho
Ao voltar para sua casa
Viu o lobo no caminho
Não teve outra se não

Se esconder bem rapidinho.

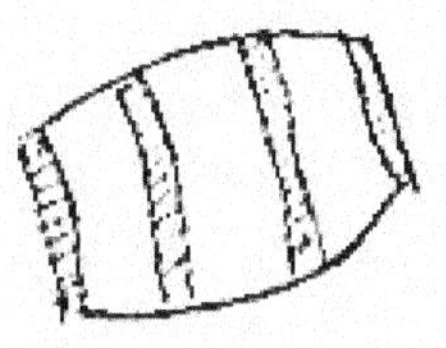

*

Pulou dentro do barril
Muitos metros rebolou
O lobo, ao ver aquilo
Com muito medo ficou
Pensou: olha que perigo!
Eu à feira é que não vou!

*

Foi pra casa do porquinho
Não podia acreditar
Coisa redonda bem grande
Quase o mata a rebolar.
O porquinho riu demais
Conseguira o assustar.

*

Disse: "Lobo, me desculpe
Não era essa a intenção
Na feira comprei barril
Fez-se boa a ocasião
Quando vi você, pulei
Dentro sem hesitação".

*

Ainda mais o porco disse:
"Minha cabeça até dói
Rebolei colina abaixo
Me achando super-herói
Na verdade, é perigoso
O meu juízo se destrói".

*

O lobo se zangou muito
Fez votos de se vingar
Jurou comer o porquinho
Haveria de o pegar
Ia descer a chaminé
De um golpe o trucidar.

*

Quando o porquinho entendeu
O que ele queria fazer
Botou um caldeirão de água
Ao lume para ferver
Pensou: aqui o espera
Sua sina quando descer.

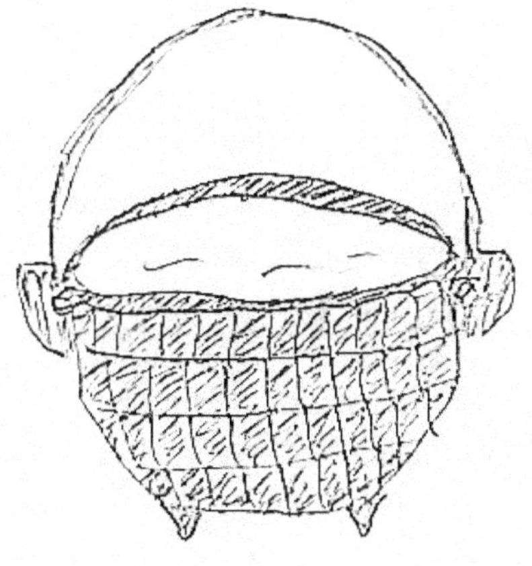

*

O lobo caiu na armadilha
Neste caso, o caldeirão
O porco fechou a tampa
Ai, que bela refeição!
Comeu nabos e maçãs
Foi uma satisfação.

*

Do lobo fez um tapete
Ainda hoje o tem na sala
Isso todo mundo conta
Disso toda a gente fala
Um porco venceu o lobo
Não gastou nenhuma bala.

FIM

BRANCA DE NEVE

Na metade dum inverno
Caíam os flocos de neve
A rainha fazia costura
Dum jeito real e leve
Encostada na janela
Quando a história se escreve.

*

Ao olhar tanta brancura
Num repente, ela espetou
O seu dedinho bem magro
Donde o sangue tombou
Sobre a neve imaculada
E bem rápido a manchou.

*

Disse ela: "Eu queria que
Minha bebê fosse assim
Branquinha como essa neve
Como meu sangue carmim
Negrinha tal qual o ébano
Com forte afeto por mim".

*

Tempos depois, se cumpriu
O desejo da realeza
Com a pele bem branquinha
Nasceu a linda princesa

Como o sangue, era rosada
Nas bochechas com leveza.

*

Os cabelos eram pretos
Como o ébano da janela
Branca de Neve chamaram
A essa menina tão bela
Mas pouco depois morreu
A rainha mamãe dela.

*

O rei se casou de novo
Com uma mulher belíssima
Que passou a ser rainha
Designada por altíssima
Era vaidosa ao extremo
De uma forma orgulhosíssima.

*

Era tão, mas tão vaidosa
Que não podia tolerar
Que houvesse alguém mais belo
No mundo, em qualquer lugar
Tinha um espelho mágico
Que sempre ia consultar.

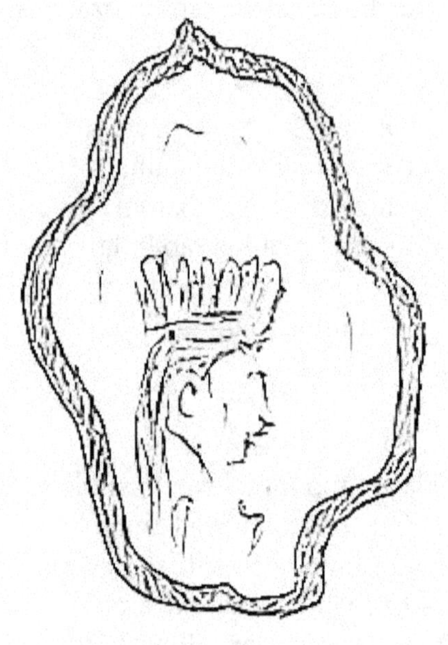

*

Parava defronte dele
Pedia: "Diz-me a verdade
Meu espelho, há neste reino
Moça de maior beldade?"
E o espelho respondia:
"Nunca, minha Majestade".

*

Entretanto, foi crescendo
E ficando mais bonita
A menininha princesa
De candura infinita

Com sete anos é tão bela
Contado não se acredita!

*

Era como a luz, divina
E mais bela que a rainha
Um dia, então, disse o espelho
Respondendo à perguntinha:
"És das mais lindas que vi
Mas mais linda é a mocinha".

*

Disse ele: "Branca de Neve
É que todas mais formosa".
Ao ouvir isso, a Rainha
Ficou branca de raivosa
Chamou um de seus criados
E falou imperiosa.

*

"Leve a Branca de Neve
Lhe dê um sumiço urgente
Pode a deixar na floresta
Não quero a ver novamente."
O criado cumpriu a ordem
Foi imediatamente.

*

Levou-a pra muito longe
Mas males nenhuns lhe fez
Falou: "Não a magoarei
Menina de branca tez".

Ali mesmo, esse criado
Desdita grande desfez.

*

Deixou-a triste e sozinha
Perdida em mato e silvado
Aquela menina boa
Que em nada havia errado
Se foi dali o rapaz
Feliz por não ter matado.

*

Alguém pode auxiliar
Melhorar o seu destino
Quem sabe ela sobreviva
Aqui passe peregrino
De alma boa e caridosa
Com afeto e muito tino.

*

Perambulou a menina
Floresta adentro, assustada
Rugiam os animais
Sentia-se ameaçada
Nenhum deles, entretanto
A deu por abocanhada.

*

À noite, encontrou chalé
Nele entrou pra descansar
Seus pezinhos delicados
Mais não podiam andar

Era tudo arrumadinho
Nesse pequeno lugar.

*

Sobre a mesa tinha toalha
Como a princesa branquinha
Os pratinhos eram sete
Mais um monte de tacinha
Eram sete os pãezinhos
E tinha garfo e faquinha.

*

Como estava esfomeada
Comeu pedaço de pão
Tomou um pouco de vinho
De cada tacinha, então
Viu também sete caminhas
Vai deitar-se, por que não?

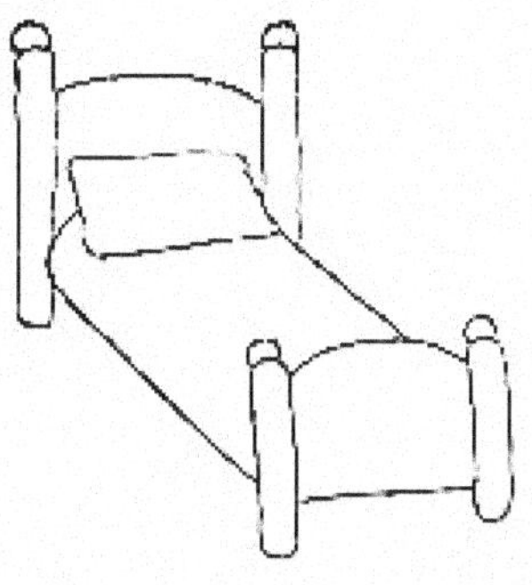

*

Testou cada uma das camas
De tamanhos desiguais

Uma era muito pequena
A outra grande demais
Se deitou ela na sétima
Foi a que lhe serviu mais.

*

Adormeceu num instante
De tão cansada que estava
Chegaram os donos logo
Do chalé que lhe abrigava
Sete pequenos anões
Que o juízo baralhava.

*

"Quem se sentou no meu banco?
Perguntou, pois, o primeiro
"E quem comeu do meu prato?"
Disse o segundo ao terceiro
"Quem mordiscou o meu pão?"
Falou esse bem grosseiro.

*

O quarto anãozinho diz:
"Quem pegou minha colher?"
"Quem usou o meu garfinho?"
Diz o quinto ao ver talher
"Quem cortou com minha faca?"
Fala o sexto como quer.

*

"E quem bebeu o meu vinho?"
Diz o sétimo, zangado
O primeiro deu olhada
Sua cama tinham usado
Do segundo até ao sexto
O mesmo foi observado.

*

O sétimo viu a Branca
De Neve na sua caminha
Chamou todos os irmãos
A surpresa não continha
Ergueram as lamparinas
"Oh, que menina lindinha!"

*

Ficaram muito felizes
Cuidaram não a acordar
O sétimo passaria
Toda a noite a revezar
Saltaria de cama em cama
Uma hora e toca a trocar

*

De manhã, a bela princesa
Sua história lhes contou
Os anões tiveram pena
E um trato se adiantou
Cada um, à sua maneira
Uma condição botou.

*

Se mantiver tudo em ordem
Cozinhar, lavar, fiar
E fizer também costura
Encontrou seu novo lar
Eles cuidariam dela
Mal nenhum há de passar.

*

Deixaram, porém, alerta:
"A rainha descobrirá
Onde você se escondeu
Não deixe ninguém entrar
Quando formos pra montanha
Ouro e prata procurar".

*

Entretanto, a rainha má
Que achava a menina morta
Foi ao espelho e falou:
"Deveras isto me importa
Haverá maior beldade
Para lá daquela porta?"

*

"Espelho, diz-me a verdade
Existe mais bela que eu?
E o espelho, muito rápido
Bem rápido, respondeu:
"Tu, rainha, és a mais bela
Neste reino todo teu".

*

Acrescentou em seguida:
"Porém, na mata fechada
Pra lá daquelas colinas
Onde os anões têm morada
Branca de neve se esconde
É mais bela a tua enteada".

*

A rainha se apavorou
O espelho fala a verdade
O serviçal a traíra
Tomou essa liberdade
Ela não suportaria
Não ser a maior beldade.

*

Partiu pra lá das colinas
De mercadora vestida
Chegou àquele chalé
Fez a primeira investida:
"Belas louças pra vender!"
Gritou para ser ouvida.

*

Branca de Neve falou
Olhando pela janela:
"Boa senhora, bom dia
Está vendendo panela?"
Respondeu a fingidora:
"Boas louças, louça bela".

*

"Tenho cordéis, trancelins
De tudinho quanto é cor
Você, menina querida
Desça daí, por favor."
A princesa confiou
Não sentiu qualquer temor.

*

Pensou: que senhora boa!
Eu vou a deixar entrar.
Então, desceu as escadas
A porta abriu devagar.
"Minha nossa!" – disse a outra
"O espartilho como está!"

*

"Deixe-me, minha querida
Ajeitar com meus cordões"
Branca de Neve deixou
Não sabia as intenções
A rainha a apertou tanto
Ficou sem ar nos pulmões.

*

Caiu no chão como morta
Respirar não conseguia
"Acabou toda a beleza"
Disse a outra enquanto ria
E, em seguida, foi-se embora
Que já a noite caía.

*

Os anões, quando chegaram
Bastante se entristeceram
E a cabeça da princesa
Cuidadosamente, ergueram
Descobriram o que tinha
O cordão, logo, romperam.

*

À vida ela retornou
Foi grande felicidade
Os anõezinhos disseram:
"A velha tem outra idade
É a rainha malvada
Impostora de verdade".

*

"Você tome mais cuidado
Outra investida fará
Não abra a porta por nada
Não deixe ninguém entrar
Quando a gente estiver fora
Na montanha a trabalhar."

*

A rainha, já em casa
Ao espelho perguntou
A pergunta costumeira
"A mais bela, espelho, sou?"
Disse ele: "És tu a mais bela
Que neste reino se achou".

*

Acrescentou em seguida:
"Porém, na mata fechada
Pra lá daquelas colinas
Onde os anões têm morada
Branca de neve se esconde
É mais bela a tua enteada".

*

O sangue, então, congelou
Empederniu num instante
Nas veias dessa rainha
Que era demais arrogante
Ela não desistiria
A maldade era constante.

*

Com diferente vestido
Travestiu-se, novamente
Matutou em outro plano
Botou veneno num pente
Dirigiu-se pro chalé
Chegou lá rapidamente

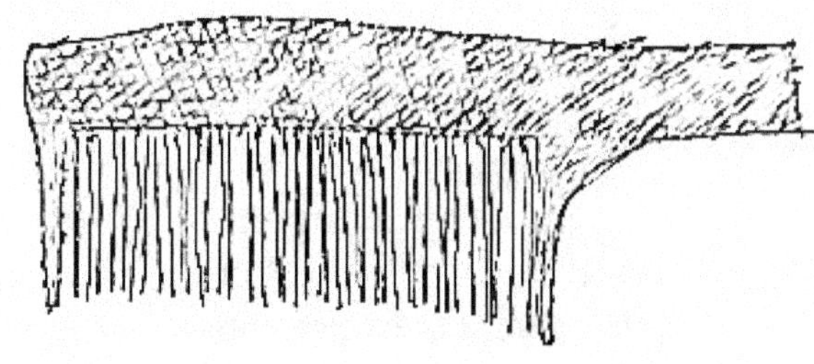

*

Bateu à porta e gritou:
"Belas louças pra vender!"
A Branca de Neve disse:
"Aqui não entra você!
Ninguém pode aqui entrar
Tenho que me precaver".

*

Lamentou muito a rainha
Rogou-lhe: "Olhe meus pentes!
Maravilhosos e lindos
Dos demais são diferentes".
Deu o pente envenenado
Para as mãos dela entrementes.

*

O pente era tão bonito
Branca de Neve o levou
Aos cabelos pra testá-lo
E, de pronto, desabou

Desacordada no solo
Que de velho se estalou.

*

A rainha, felicíssima
Disse: "Pode jazer aí
Eu já estou indo embora
Não venho mais por aqui".
Mas, por sorte, os anõezinhos
Logo chegaram ali.

*

Quando viram a menina
No chão muito estatelada
Desconfiaram da rainha
Desistia nunca a malvada
Acharam, então, o pente
E o tiraram da prostrada.

*

Num instante, a princesinha
Da morte certa escapou
Abriu os olhos, sorriu
Aos anões tudo contou
"Não abra a porta a ninguém"
Um e outro aconselhou.

*

Entrementes, a rainha
De novo foi perguntar
Ao espelho se é ela
A mais formosa que há

Disse o espelho: "Realeza
A mais bela se acha lá".

*

"Depois daquelas colinas
No chalé dos bons anões
Está a moça mais bela
Dentre todos os milhões
De meninas graciosas
Nas minhas definições."

*

Gritou a rainha forte:
"A princesa morrerá
Isso digo e reafirmo
Coisa mais certa não há
Serei que todas mais bela
Não perde por esperar".

*

Estava determinada
De um jeito que disse assim:
"Eu juro que morrerá
Nem que isso me mate a mim".
Então, foi para o seu quarto
Preparar maçã ruim.

*

Botou veneno fortíssimo
Que qualquer um mataria
A maçã, por fora linda
Era péssima iguaria.

Se disfarçou outra vez
Voltou lá no mesmo dia

*

Qual mulher dum camponês
Foi pra casa dos anões
Chegou lá, bateu à porta
Ouviu as satisfações
Branca de Neve lhe disse:
"Não abro! Sem exceções!"

*

A rainha retrucou:
"Faça o que bem entender
Mas fique com a maçã
Que trouxe para você"
A Branca disse: "Eu não posso
Muito tenho que temer".

*

A farsante resmungou
Falou: "Que tola menina!
Do que é que você tem medo?
A morte ser sua sina?
A maçã não tem veneno
Lhe garanto, pequenina".

*

"Se quiser, a dividimos
Em duas partes iguais
Comerei eu uma delas
Você comerá a demais"

Pensado fora, a maçã
Dum lado só morte traz.

*

A rainha foi primeira
A dar na maçã mordida
Tentada, Branca de Neve
Mordiscou logo em seguida
Um instante se passou
No solo caiu sem vida

*

"Agora, nada te salva"
Gritou a rainha, contente
Correu depressa pra casa
Fez a questão novamente:
"Espelho, mais bela que eu
Existe mulher vivente?".

*

O espelho disse: "Rainha
De todas és a mais bela".
Ficou ela tão feliz

De feliz nem cabia nela.
De gritá-lo ela teve ânsias
Ao reino pela janela.

*

Quando os bons anões voltaram
De noite para o chalé
A Branca viram deitada
"Está morta, é o que é!"
Assim foi que eles pensaram
E nisso botaram fé.

*

A moça não respirava
Nem seu coração batia
Ergueram sua cabeça
Lavaram com água fria
E vinho de sobremesa
Mas morta ela parecia.

*

A deitaram na carroça
Velaram dias inteiros
Choraram choro bastante
Com seus modos verdadeiros
Iam, claro, a enterrar
Como seus leais parceiros.

*

Porém, os mesmos rubores
Lhe tomavam sua face
O rosto nada mudara

Rejeitava o desenlace
Essa morte tão doída
Para os anões se adiasse.

*

Disseram: "Nós não podemos
No chão frio a enterrar".
Fizeram caixão de vidro
E lá mandaram gravar
O nome Branca de Neve
Princesa de algum lugar.

*

No meio de duas colinas
O caixão dela deixaram
E noite atrás uma da outra
Com cuidado o vigiaram
Corujas, corvos e pombas
As aves todas choraram.

*

Por muito, mas muito tempo
A princesa assim ficou
Um dia, chegou um príncipe
Aos anões muito rogou
Deixassem, por Deus, levá-la
Até dinheiro ofertou.

*

Os anõezinhos disseram
Enchendo os pulmões bem fundo:
"Que nos faça a deixar ir

Dinheiro não há no mundo
O sentir pela princesa
Imaculada é profundo".

*

No fim, porém, se apiedaram
E lhe deram o caixão
Quando o príncipe o ergueu
Que grande estupefação!
A maçã caiu dos lábios
Da moça na ocasião.

*

Acordou Branca de Neve
De pronto, questionou:
"Queridos amigos meus
Por favor, onde eu estou?"
"Está segura comigo"
O príncipe a sossegou.

*

Contou à princesa tudo
Que havia lhe acontecido
Lhe disse: "Eu a amo tanto
Me deixe ser seu marido
A levarei pro palácio
Real se for consentido".

*

A princesa concordou
Com ele se foi embora
Preparou-se o casamento

Detalhado e sem demora
Estava entre os convidados
A conhecida de outrora.

*

A rainha má fingida
Que tudo fez e tentou
Pra matar Branca de Neve
Pro banquete se arrumou
Vestindo roupa de gala
Ao espelho retornou.

*

"Dentre as mulheres do reino
Espelho, diz-me a verdade
Preciso resposta tua
Conheces maior beldade?"
Questionou muito segura
Fingindo pouca vaidade.

*

"A mais bela aqui és tu
Onde tu reinas sozinha
Mas a mais bela de todas
Isso é a nova rainha" –
Lhe respondeu o espelho
De forma bem boazinha.

*

Inflou tanto de raivosa
Implodiu-lhe quase o peito
Inveja e curiosidade

Também eram seu defeito
Ao casamento ela iria
Ruindade não tem jeito.

*

Quando estava no banquete
E viu a Branca de Neve
Que por falecida tinha
O final dela se escreve
Se engasgou de tanta raiva
A morte lhe veio breve.

*

Casou-se Branca de Neve
Com o príncipe no dia
Felizes foram demais
O destino assim pedia
Nas montanhas, certas vezes
Ainda fazem folia.

*

O rei e Branca de Neve
Com frequência lá vão
Os honrados anões ver
Amigos de coração
Você, faça de igual modo
Dos amigos esqueça não.

FIM

PEDRO E O LOBO

Algures, perto dum bosque
Imenso como o oceano
Havia uma casa antiga
Com cem anos, salvo engano
De lá partia um atalho
Que dava em portão mundano.

*

Um portão de velha cerca
De dois mundos separava
Um bosque era dum dos lados
Do outro, a aldeia se achava
Naquela casa cercada
Pedro com o avô morava.

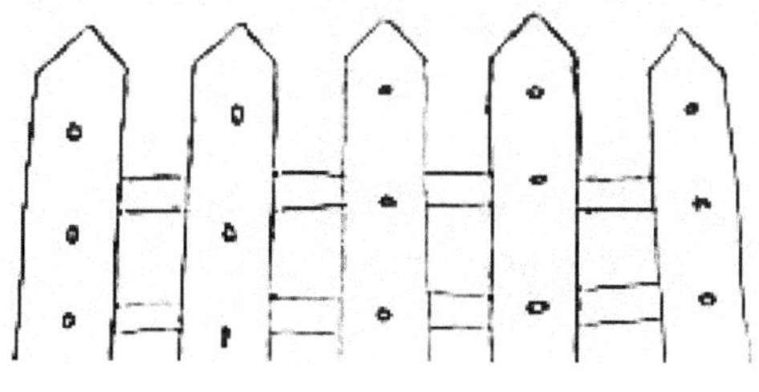

*

O avô lhe dizia assim:
"Pedrinho, nunca se esqueça
Da casa nunca se afaste
Por melhor que lhe pareça

Os pés no bosque não meta
Nem que você enlouqueça".

*

"Por certo, de lá não sai
Se você ousar lá entrar
Um lobo tão tenebroso
Faminto vai lhe pegar
Vagueia no bosque à sorte
Procurando o que matar."
*

Pedro ficava calado
Sentia medo e atração
Parecidos com o bosque
Da mesma imensidão
Um dia, ao amanhecer
Esqueceu toda a razão.

*

Sem ninguém saber saiu
De casa pé ante pé
E percorreu o atalho
Se fez ao mundo com fé
Um pássaro empoleirado
Em árvore disse: "Olé!"

*

Disse o pássaro: "Bom dia
Pedro, você madrugou!"
Disse ele: "Olá, passarinho".
E mais um pouquinho andou
Entraram os dois no bosque
Um barulho se escutou.

*

Em uma pocinha de água
Uma pata chapinhava
Ela disse: "Aonde vai?
Teu avô não te falava?...
Que não deves ir ao bosque
Ele não te aconselhava?".

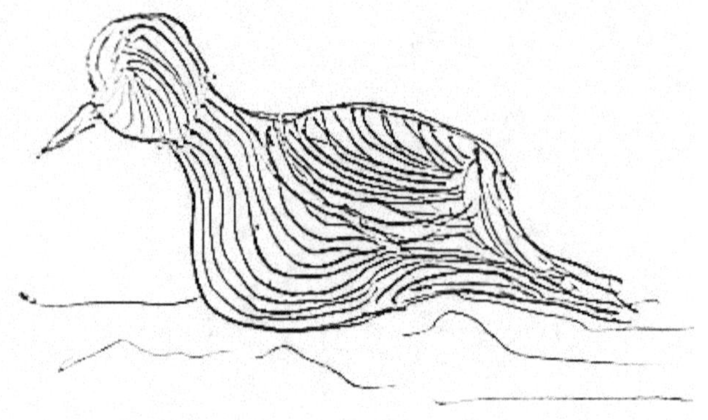

*

Enquanto ela gracitava
Mais um pouco avançou:
"Um lobo muito gigante
Tão grande nunca se achou
Do tamanho da montanha
Ainda a fome não matou".

*

Continuou a patinha:
"No bosque se esconde o lobo
Espreitando menininhos
Pra fazer depois de bobo
Morde aqui, morde acolá
Gira e roda como globo".

*

Pedro não se convenceu
E disse: "Isso são histórias!
Você, por acaso, o viu?

Puxe bem pelas memórias!
Continhos de quem tem medo
São essas formas notórias".

*

A pata não se conteve
Grasnou bastante estridente:
"Quem o vê não vive mais
Deixa logo de ser gente!
Você, seu tolo atrevido
Faça por ser consciente".

*

Começou grande discórdia
Foi tamanha a discussão
As duas aves batiam-se
Gritavam opinião
Dizia uma: "Entre no bosque"
E a outra: "Isso é que não!"

*

Pedrinho ficou quieto
Observando em volta tudo
Sentia os odores do bosque
Seus rumores, sobretudo
De repente, se ouvem passos
Fica o medo mais agudo.

*

O pássaro se arrepia
Passo aqui, ali, acolá
Parou tudo em um momento

Sente-se o perigo no ar
Num ápice, vem felino
A avezinha quer matar.

*

Gorjeou ela bastante
Voou baixinho no mato
Até levantar as asas
E fugir daquele gato
Ele acalmou os bigodes
Fez pausa no desacato.

*

Se pudesse com suas unhas
Botar a mão naquela ave
Que esvoaçava provocante
Piando barulhenta e grave
Ronronaria muitíssimo
E dormiria suave...

*

A pata ficou de lado
Olhando o gato de esguelha
No gato não confiava
Temia lhe dar na telha
Atacá-la de repente
E lhe comer uma orelha.

*

A briga ecoou no bosque
Rasgando a pura manhã
Gritou o avô: "Ó, Pedrinho!

Para que lhe aconselhar?
Você faz ouvidos moucos
É só esse o seu afã".

*

Sem jeito, disse o menino:
"Eu só entrei um pouquinho"
O avô respondeu, zangado:
"Acha que importa, Pedrinho
Ao lobo quanto é que entrou
Se botou só um pezinho?".

*

"Você entrou, é o que é
Isso é a pura verdade
Fora da casa e da cerca
Outra é a realidade
O lobo mau é quem manda
E quem desmanda à vontade."

*

"A fome dele é imensa
Como uma noite de inverno
Menino como você
Ele faz da vida inferno
E isso não cessa tampouco
O seu apetite interno."

*

Pedrinho se impressionou
Mas pensou logo depois:
"Meu avô tudo exagera

Como um mais um ser dois
Esse lobo é um lobinho
Que nem mordisca, ora pois".

*

"Além disso, o bosque é grande
Pobrezinho anda, por certo
Em desvario, esfaimado
Mais distante do que perto
Procurando caça fácil
Não é bobinho, é esperto."

*

"Procura os imprevidentes
Os tolos desprevenidos..."
Nisto, sentiu o passarinho
Calafrios incontidos
E se fez aos céus tão lesto
Voando em todos sentidos!

*

O gato sentiu também
Um arrepio na espinha
E antes mesmo de pensar
Trepou uma arvorezinha
O calafrio foi geral
Nem Pedrinho se continha.

*

Correu, medroso, pra cerca
Dum pânico era tomado
Maior que a fome do lobo

E do que qualquer cercado
Só a pata não sentiu
O arrepio nem um bocado.

*

O lobo engoliu-a inteira
Sem que esforço algum fizesse
Agora, os corações todos
Batiam forte, em estresse
Do Pedro, do gato, da ave
De qualquer um que estivesse.

*

O sangue-frio Pedrinho
De pronto, recuperou
Prometeu pegar o lobo

Disse: "Apanhá-lo é que vou".
E a essa grande empreitada
Com coragem se lançou.

*

Pegou uma corda forte
Que bastantes metros tinha
E atou-a com muita força
No topo de arvorezinha
O pássaro seria a isca
Para a surpresa que vinha.

*

Caiu como um pato o lobo

Na armadilha do menino
Então, não adivinhara
Que era mau o seu destino
E enlaçado pelo rabo
Uivou muito em desatino.

*

Desse lobo mau o rastro
Dois caçadores seguiram
Tão felizes por o ver
Nem o Pedrinho ouviram
Gritando: "Não é preciso"
E dois disparos partiram.

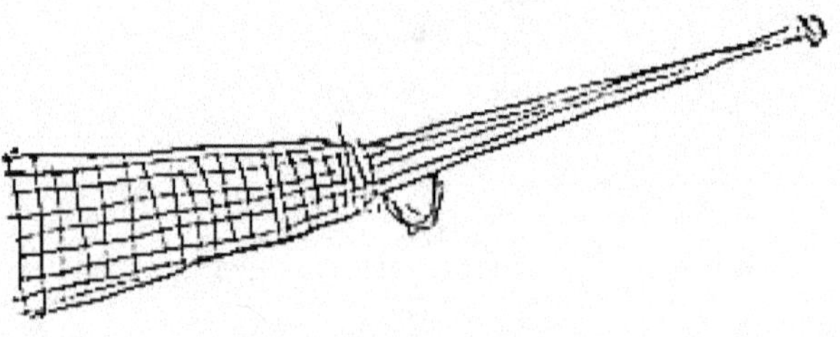

*

Duma ponta a outra assim
O bosque todo tremeu
Então, ao medo do Pedro
Outra coisa sucedeu –
Sentia-se mal o menino
Seu avô o percebeu.

*

O lobo, que era imponente
O bosque tinha por lar
Se Pedro ouvisse o avô
Ainda vivo estaria lá
Porém, o que a gente sente
É o mais volúvel que há.

*

E o orgulho é coisa enorme
Mais difícil de matar
Que a fome de qualquer lobo
Mais vasto que qualquer mar
O de Pedrinho era imenso
Da pena tomou lugar.

*

Pedro, que era bom menino
Encheu-se de vã vaidade
A admiração das pessoas
Derrubou toda a piedade
Sua proeza foi grande
Mas perdeu em qualidade.

FIM